季節を楽しむ かわいい 童謡おりがみ

pot ブックス

いまい みさ

チャイルド本社

季節を楽しむ かわいい 童謡おりがみ もくじ

この本の使い方 ……………………………… 4

はる

- ちょうちょう ……………………… 6
- あひるのぎょうれつ ……………… 8
- あくしゅでこんにちは …………… 10
- いないいないばあ ………………… 12
- おはながわらった ………………… 14
- ことりのうた ……………………… 16
- まあるいたまご …………………… 18
- こいのぼり ………………………… 20

なつ

- はをみがきましょう ……………… 22
- かたつむり ………………………… 24
- かえるのがっしょう ……………… 26
- あめふりくまのこ ………………… 28
- たなばたさま ……………………… 30
- やさいのうた ……………………… 32
- きんぎょのひるね ………………… 36
- うみ ………………………………… 38

あき

- くいしんぼおばけ …………………… 42
- パンダうさぎコアラ …………………… 44
- どんぐりころころ …………………… 46
- とんぼのめがね …………………… 48
- やまのワルツ …………………… 50
- まつぼっくり …………………… 52
- はたらくくるま …………………… 54

ふゆ

- おはなしゆびさん …………………… 58
- いぬのおまわりさん …………………… 60
- あわてんぼうのサンタクロース ………… 64
- こぶたぬきつねこ …………………… 68
- おしょうがつ …………………… 70
- おにのパンツ …………………… 74
- うれしいひなまつり …………………… 76

さくいん …………………………………… 78

この本の使い方

毎日の保育に欠かせない童謡や歌。保育の現場でよく歌われる童謡を集め、歌の世界をもっと楽しめるように、かわいい折り紙にして紹介しています。簡単に折れるので、子どもたちと一緒に作ってもOK！ いろいろアレンジして、保育の場でぜひご活用ください。

ちょこっと時間に

折り紙アイテムを取り出して歌い始めると、子どもたちの視線がくぎづけに！ 歌いながら曲に合わせて動かしたり、簡単なゲームをしたりして遊びましょう。

クイズ形式で楽しんで

歌いながら、出てくるアイテムを少し見せて、当てっこしたりして楽しみましょう。歌に登場しないアイテムのバリエーションもたっぷり入っているので、替え歌や掲載曲以外でも楽しめます。

行事や生活習慣指導のきっかけに

季節の行事の前に歌ってイメージを広げたり、生活習慣の指導にアイテムを使ったりと、子どもたちが関心をもつきっかけ作りに。

製作あそびに

子どもたちが自由にイメージしながら作ったり、動くアイテムを作って演じたりして、活動を広げましょう。

壁面飾りや室内飾りに

遊び終わったら、そのまま壁面飾りや室内飾りにすると興味を持続できます。折り紙は発色がきれいなので、お部屋もパッと明るくなります。

※この本では、特に季節を限定しない歌も四季の中に区分けしていますが、どの季節でも楽しめますので、自由にご活用ください。

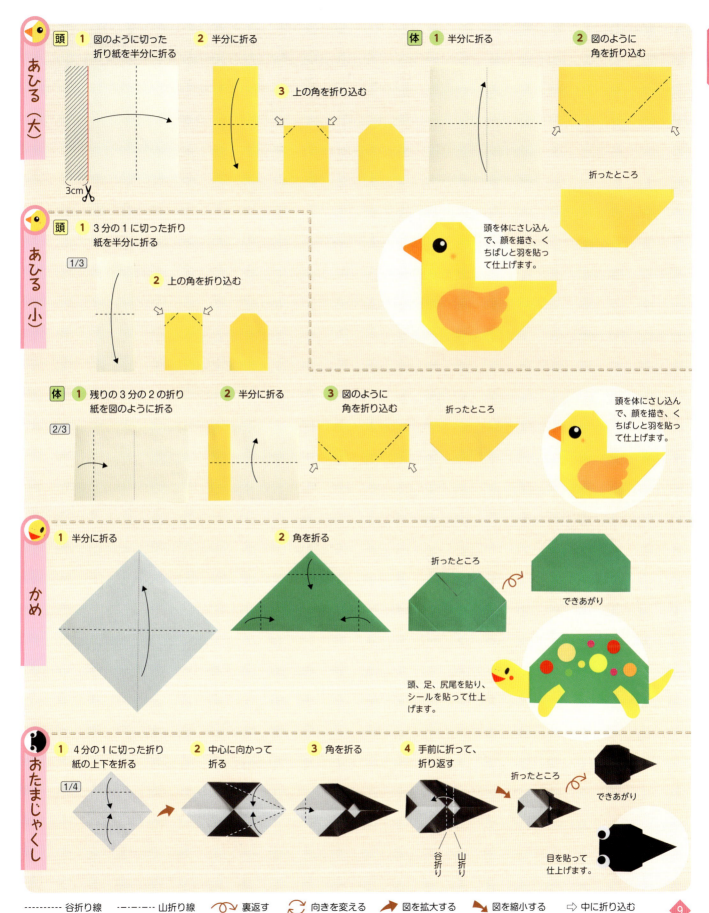

いないいないばあ

顔をかくしてるのは、だあれ？
にっこり笑ったお顔をみんなに見せて！

いないいないばあ
作詞／阿部 恵　作曲／家入 脩

いないいないばあ　だれでしょね
いないいないばあ　だれでしょね
かおをかくした　おともだち
さあだれだ
あたり　あたり　おおあたり
にんじんだいすき　うさぎさん
（※）
おあげがだいすき　きつねさん
（※）
どんぐりだいすき　こりすさん
（※）
はちみつだいすき　こぐまさん
（※）
ささのはだいすき　パンダさん

遊んでみよう！

歌いながら、子どもに答えてもらい、うちわを裏返しましょう。
パネルシアターにしても楽しいですね。

おはながわらった

きれいなお花がいっぱい。
ゆらして歌いながら、
お花に負けないくらい笑いましょう！

おはながわらった
作詞／保富庚午　作曲／湯山 昭

おはながわらった　おはながわらった
おはながわらった　おはながわらった
みんなわらった　いちどにわらった

おはながわらった　おはながわらった
おはながわらった　おはながわらった
みんなわらった　げんきにわらった

遊んでみよう！

クラスの子どもの名前を入れて、替え歌を作ってもいいですね。

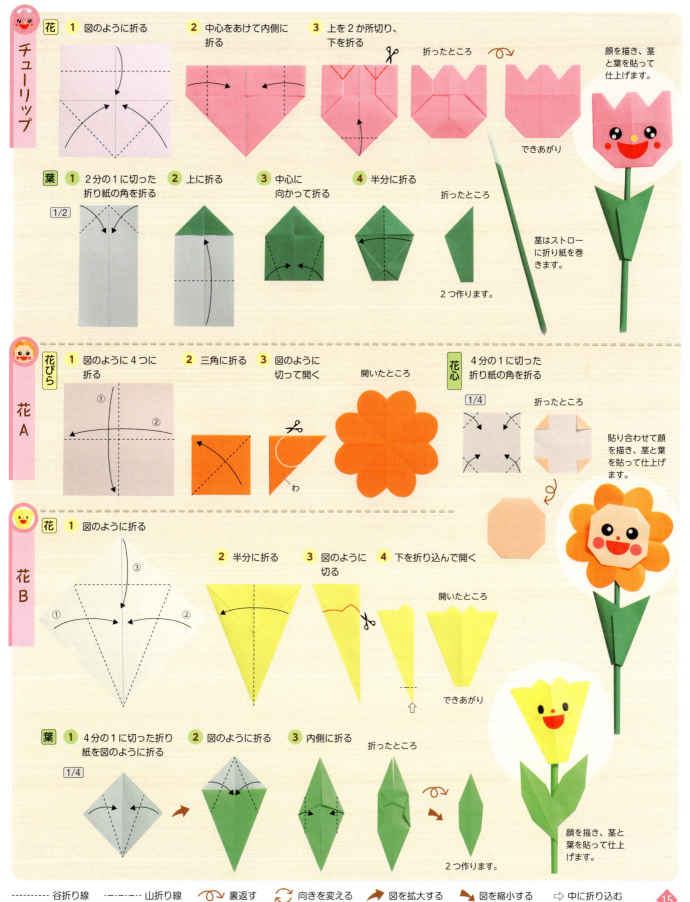

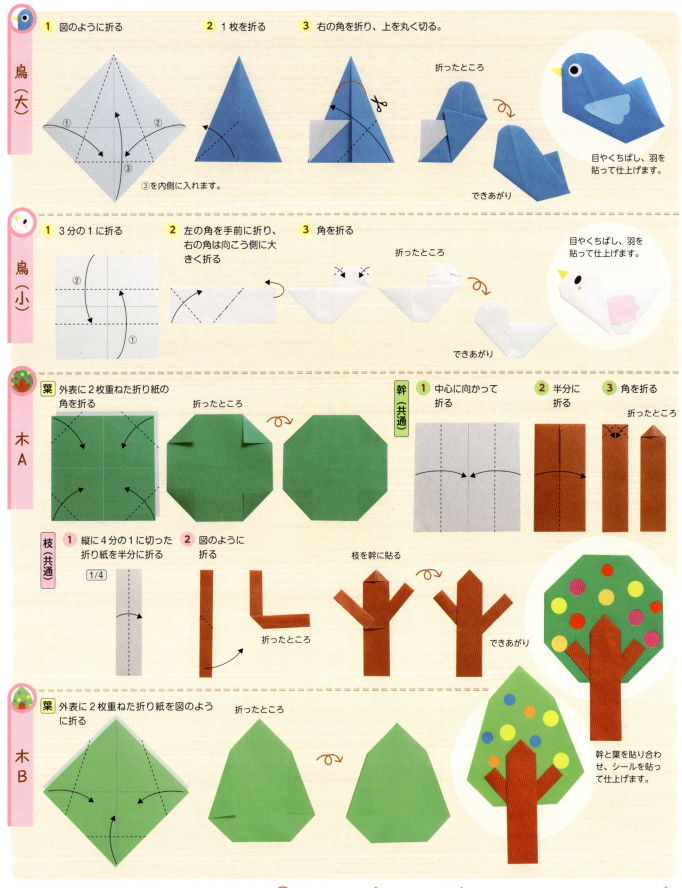

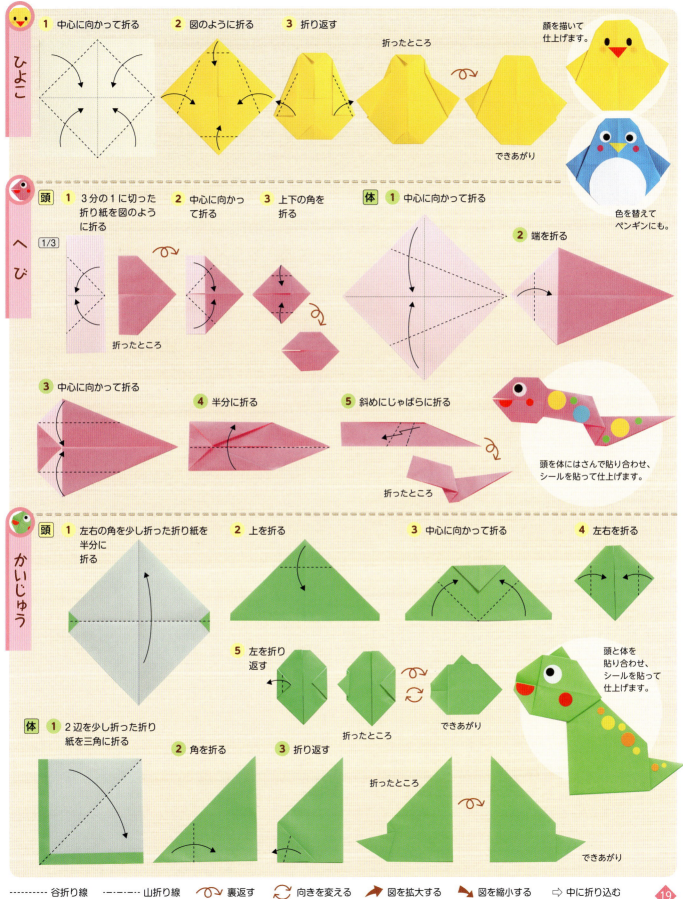

こいのぼり

親子そろって、気持ちよさそうな
こいのぼりさん。
やねより高く、お空を泳いでるね。

こいのぼり
作詞／近藤宮子　えほん唱歌

やねよりたかい　こいのぼり
おおきいまごいは　おとうさん
ちいさいひごいは　こどもたち
おもしろそうに　およいでる

遊んでみよう！

泳いでいるように動かして、空の世界を想像して遊んでみても。

「空を楽しく泳いでいたら、お友達に会ったよ」
「あー、鳥だあ」
「はちさんもいる〜」

はをみがきましょう

大きなお口を「あーん」とあけて
かばさんが歯みがき。
上の歯シュッシュッ、下の歯シュッシュッ、
最後はコップでブクブクね。

はをみがきましょう
作詞・作曲／則武昭彦

はをみがきましょう　しゅっしゅっしゅっ
ぶらしのたいそう　おいちに　おいちに
じょうぶなはになれ　しゅっしゅっしゅっ

はをみがきましょう　しゅっしゅっしゅっ
ころころうがいも　ほらね　ほらね
まっしろいはになれ　しゅっしゅっしゅっ

遊んでみよう！

かばくんを使って歯みがきのお話をしましょう。

かばくんはおやつを食べすぎたよ

バイキンが来ちゃうよね。歯みがきの歌を歌って、

ちゃんと歯みがきしないとどうなるのかな？

かばくんに歯みがきしてあげよう

42ページのチョコレートを使ってもいいですね！

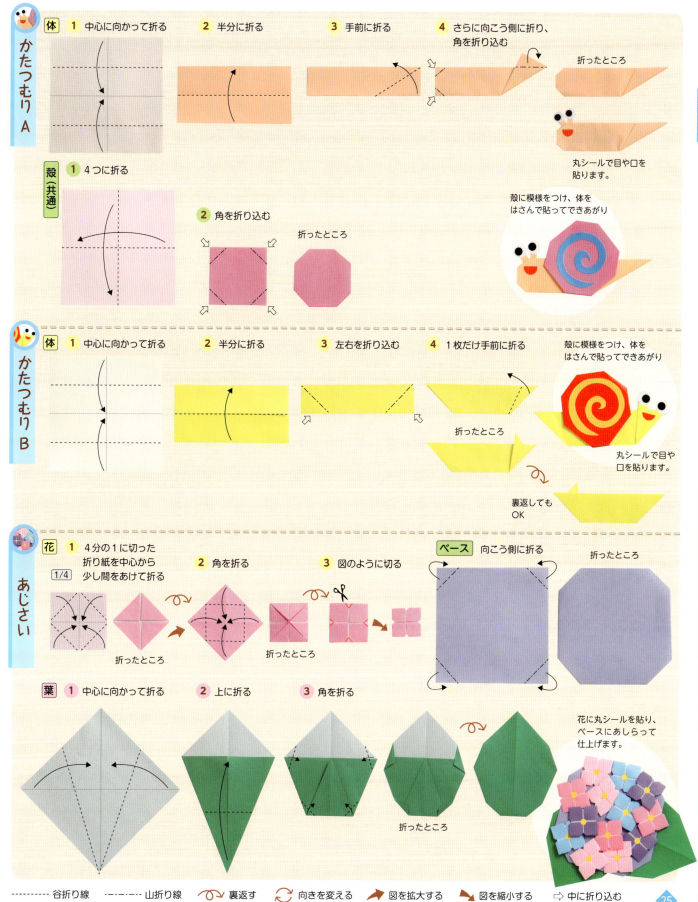

かえるのがっしょう

池ではかえるさんたちのコンサート。
とっても楽しそうな歌声に、
動物たちもやってきたよ。

♪ かえるのがっしょう
作詞／岡本敏明 外国曲

かえるのうたが きこえてくるよ
クワクワクワクワ ケケケケケケケケ
クワクワクワ

遊んでみよう！

ねずみ・ねこなどの鳴き声を入れて、
替え歌にして歌ってみましょう。

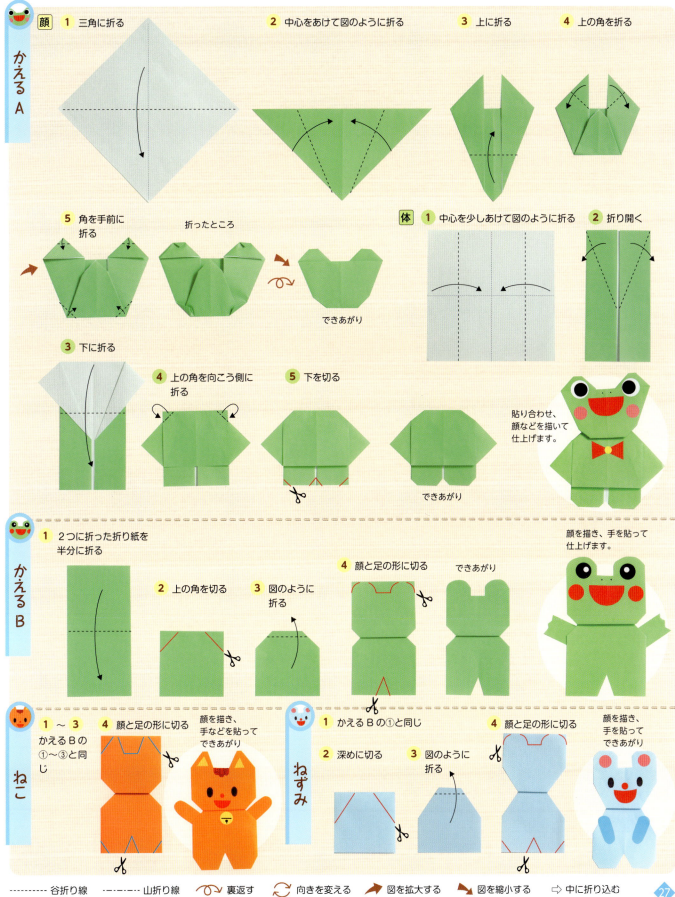

あめふりくまのこ

雨がしとしとふってるよ。
お魚をさがしてるくまのこに、
葉っぱのかさを、さしてあげましょうね。

あめふりくまのこ
作詞／鶴見正夫　作曲／湯山 昭

おやまにあめが　ふりました
あとからあとから　ふってきて
ちょろちょろ　おがわができました

いたずらくまのこ　かけてきて
そうっとのぞいて　みてました
さかながいるかと　みてました

なんにもいないと　くまのこは
おみずをひとくち　のみました
おててですくって　のみました

それでもどこかに　いるようで
もいちどのぞいて　みてました
さかなをまちまち　みてました

なかなかやまない　あめでした
かさでもかぶって　いましょうと
あたまにはっぱを　のせました

遊んでみよう！

歌のリズムに合わせて、くまのこを揺らしたり、歌のタイミングで葉っぱのかさをさしてみましょう！

♪あたまに はっぱを のせました～♪

ここにさしこみます

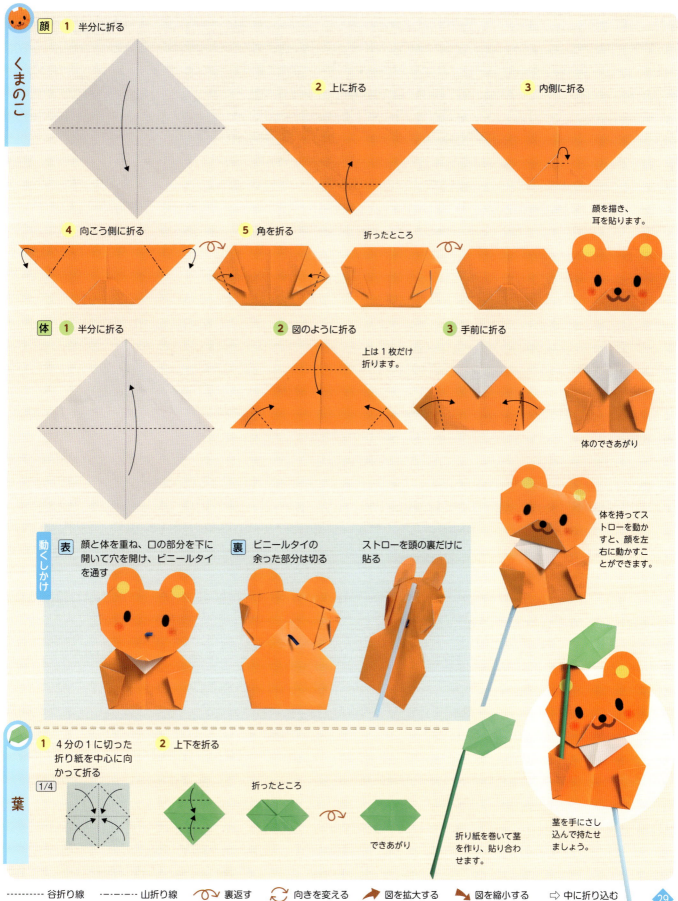

たなばたさま

きらきらかがやくお星さま。
どんな願いごとをしようかな？

たなばたさま
作詞／権藤はなよ、林 柳波　作曲／下総皖一

ささのはさらさら　のきばにゆれる
おほしさまきらきら　きんぎんすなご

ごしきのたんざく　わたしがかいた
おほしさまきらきら　そらからみてる

遊んでみよう！

おりひめとひこぼしのお話を読んで、イメージを広げて歌いましょう。

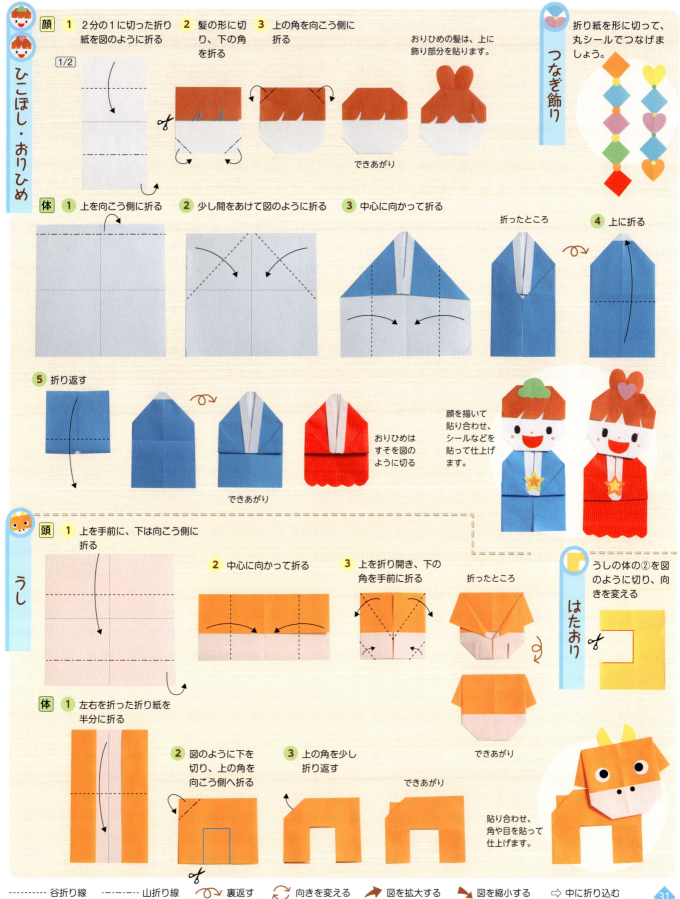

やさいのうた

きれいな色の野菜がいっぱい！
どんなおしゃべりしているのかな。

やさいのうた
作詞・作曲　不詳

トマトは　トントントン
キャベツは　キャッキャッキャ
きゅうりは　キュッキュッキュ
だいこんは　コンコンコン
ピーマンは　ピッピッピ
かぼちゃは　チャッチャッチャ
にんじんは　ニンニンニン
はくさいは　くさいくさいくさ〜い

遊んでみよう！

野菜の一部をかごから見せて、当てっこ遊びをしてみましょう。どんな料理に入っているかを話し合ったりして、野菜に興味を持ったところで、みんなで歌いましょう。

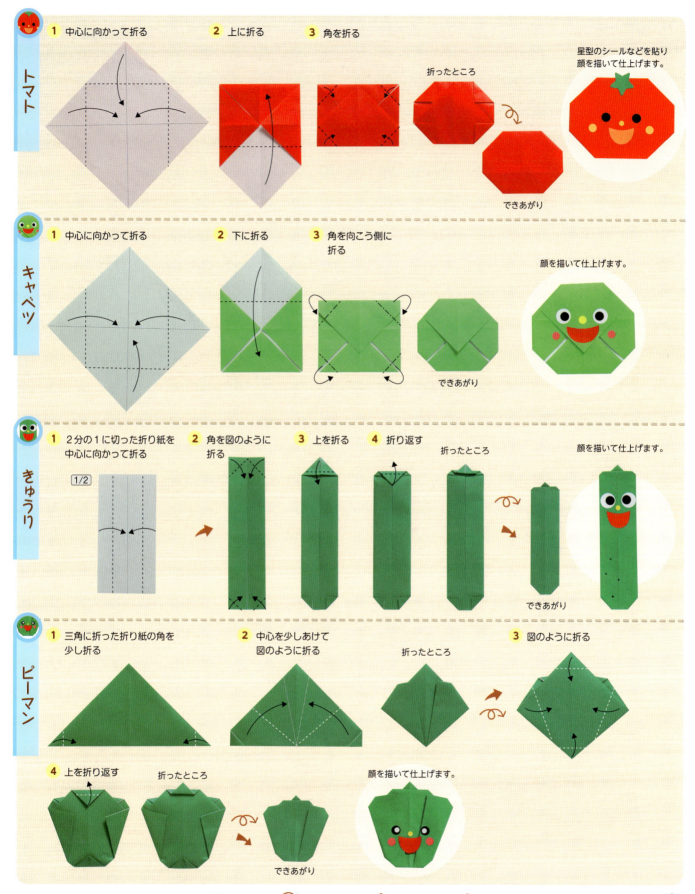

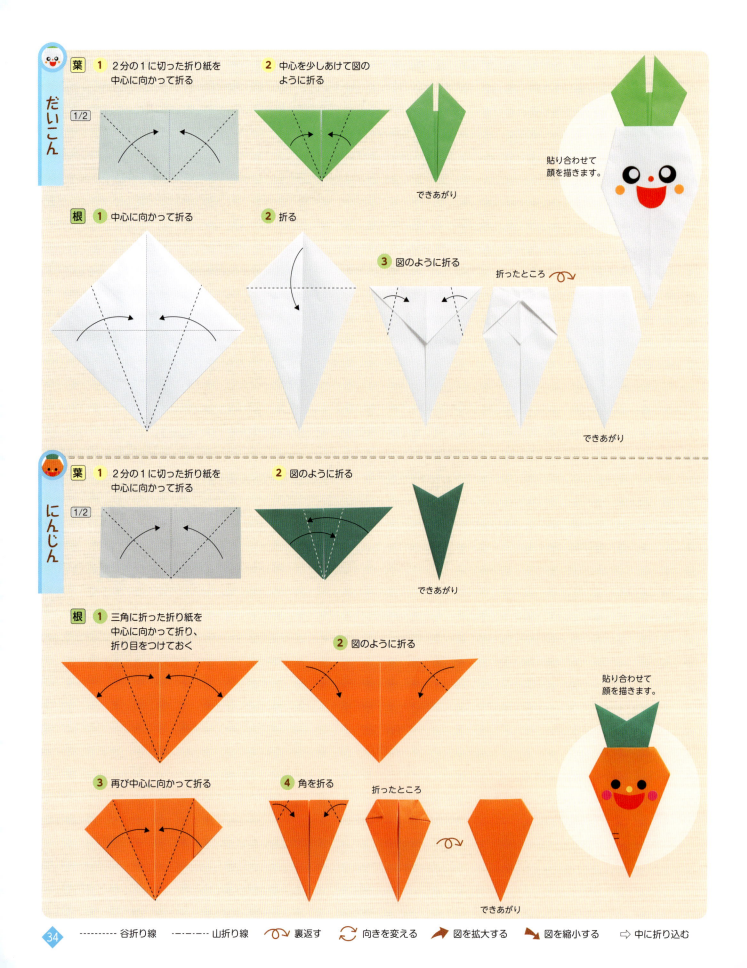

かぼちゃ

1 半分に折った折り紙を図のように折る
2 1枚折り返す
3 下の1枚も同様に折り返す
4 下を大きめに角を折る

折ったところ

できあがり

へたを貼り、顔を描いて仕上げます。

はくさい

1 図のように角を切って折り上げる
2 向こう側に折る
3 上を波に切る
4 図のように折る
5 折り返す
6 下の角を向こう側に折る

できあがり

顔を描いて仕上げます。

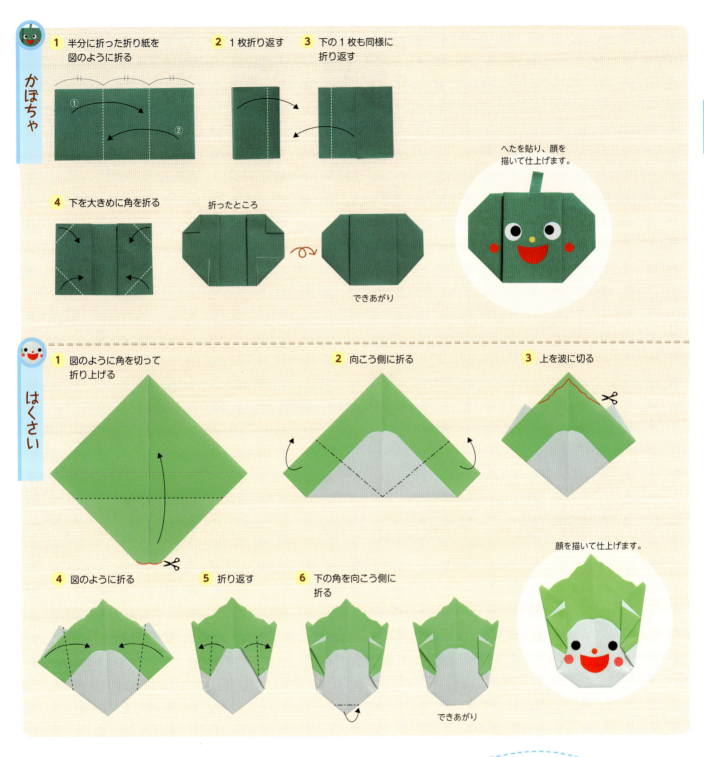

バリエーション

折り紙の色やサイズを変えることで、違う野菜にしてみましょう。

ミニトマト…小さいサイズの折り紙でトマトを折る
パプリカ……赤や黄色の折り紙でピーマンを折る

きんぎょのひるね

ひらひら金魚が、ゆうらりゆらり。
尾びれをゆらして気持ちよさそうね。

きんぎょのひるね
作詞／鹿島鳴秋　作曲／弘田龍太郎

あかいべべきた　かわいいきんぎょ
おめめをさませば　ごちそうするぞ

あかいきんぎょは　あぶくをひとつ
ひるねうとうと　ゆめからさめた

遊んでみよう！

モビールにして飾ると、金魚がひらひら泳いで涼しげな飾りに。

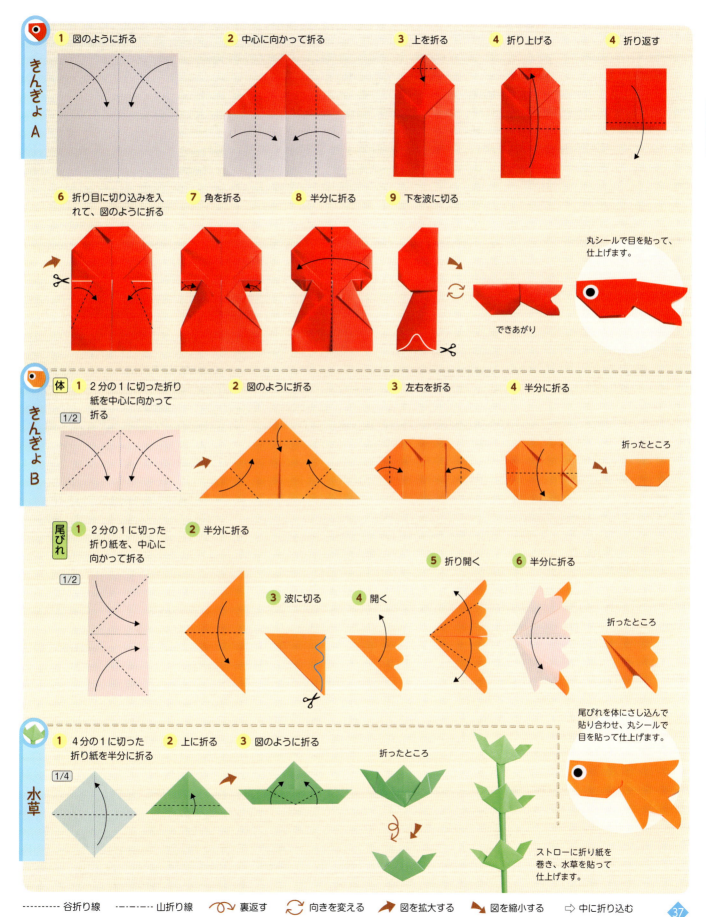

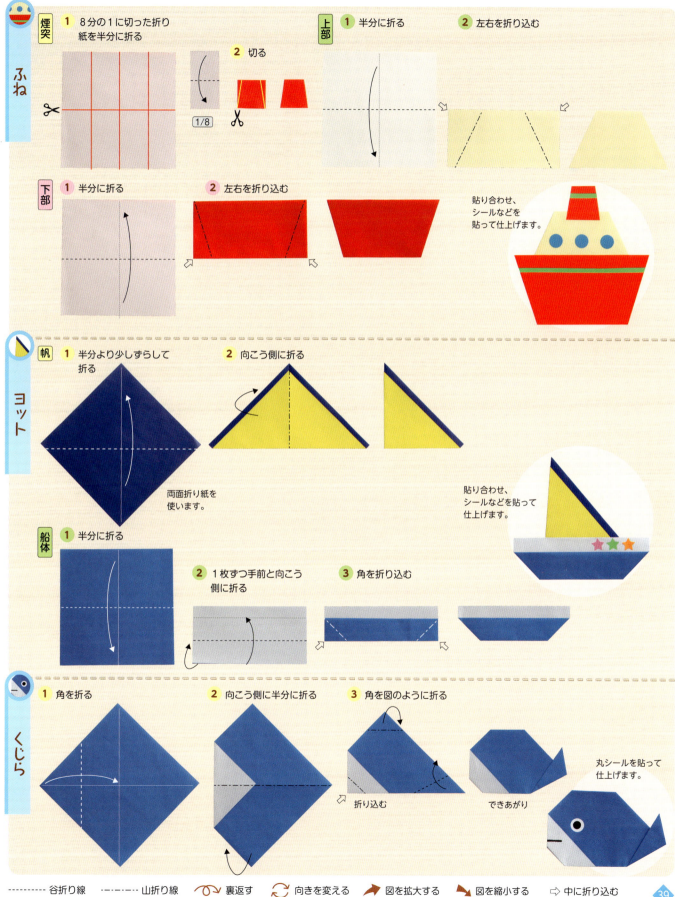

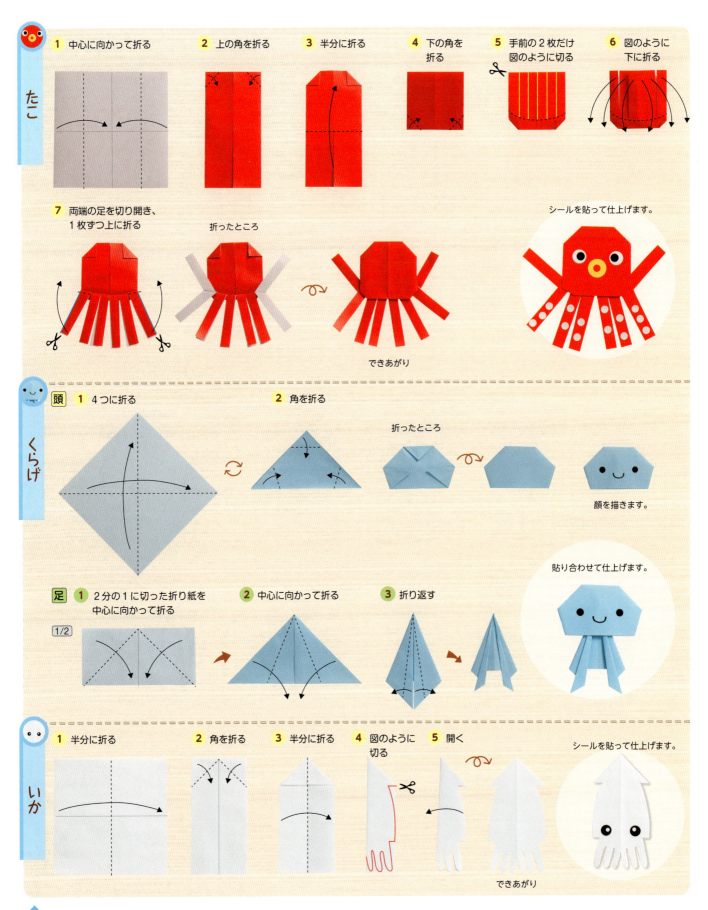

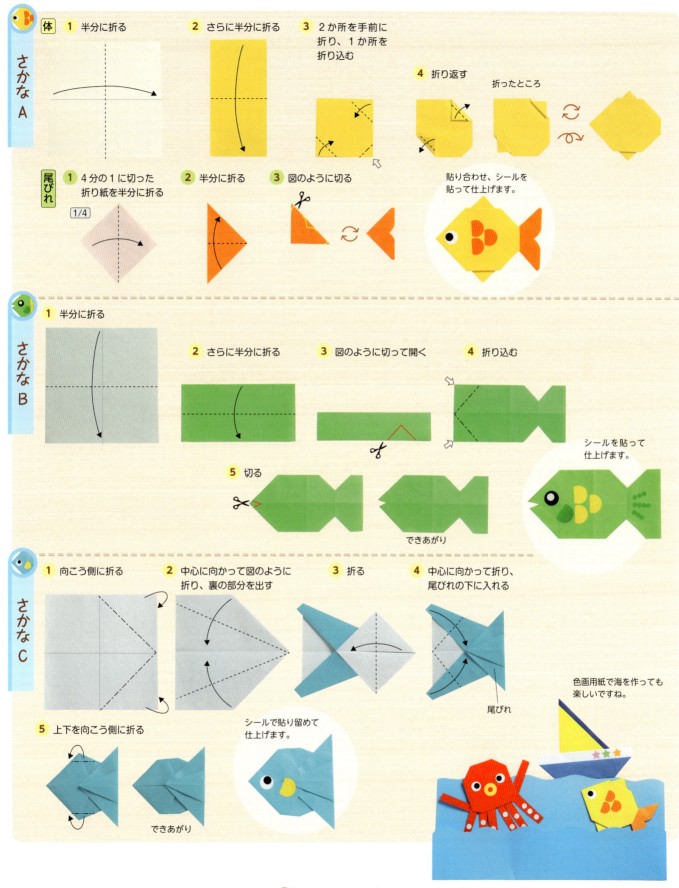

くいしんぼおばけ

夜中に出てくるおばけってこわ〜い！
でもこのおばけは、くいしんぼうの
かわいいおばけなんだって。
どんな食べ物が好きなのかな？

遊んでみよう！

食べ物の裏に黒い折り紙を貼り、シルエットクイズにしても。他にもいろいろな食べ物を出してクイズをしてみましょう。

くいしんぼおばけ
作詞／村田さち子　作曲／福田和禾子

くいしんぼうの　おばけのこ
よなかにこっそり　でてきて
れいぞうこの　ドアあけて
しかくいものを　つまみぐい
おお あまい おお あまい
なんだろうね　なんだろうね
こたえは　チョコレート

くいしんぼうの　おばけのこ
よなかにこっそり　でてきて
れいぞうこの　ドアあけて
まるいものを　つまみぐい
おお すっぱい おお すっぱい
なんだろうね　なんだろうね
こたえは　うめぼし

くいしんぼうの　おばけのこ
よなかにこっそり　でてきて
れいぞうこの　ドアあけて
かわをむいて　たべようと
むいてもむいても　なかみがない
なんだろうね　なんだろうね
こたえは　たまねぎ

ざんねんでした　またきてね

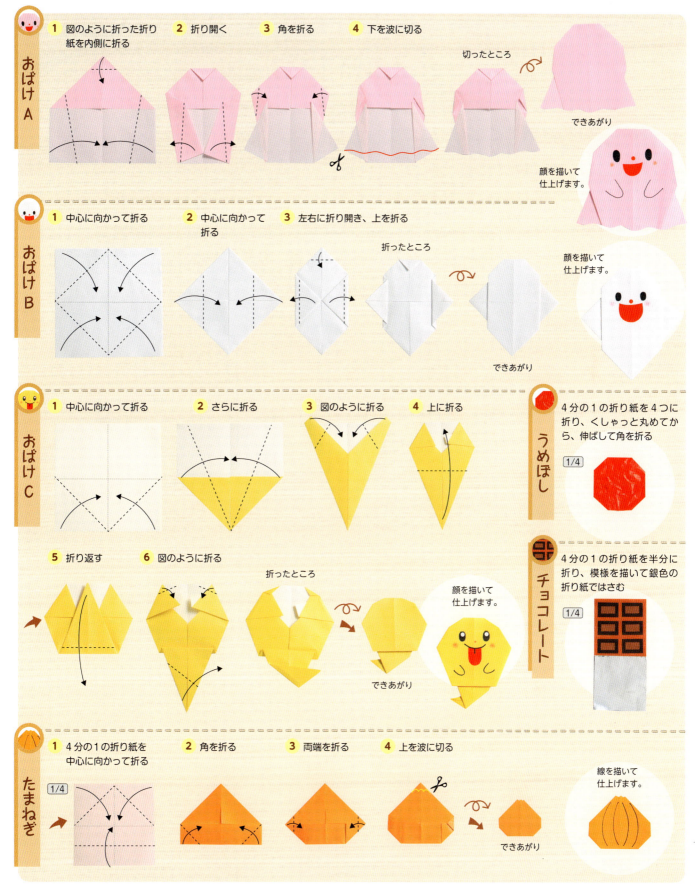

パンダうさぎコアラ

動物たちの名前を呼んだら、
みんなが集まってきたよ！
おいでおいで…と手まねきしながら
子どもたちの名前を呼んでも楽しいですね。

パンダうさぎコアラ
作詞／高田ひろお　作曲／乾 裕樹

おいで おいで おいで おいで
パンダ （パンダ）
おいで おいで おいで おいで
うさぎ （うさぎ）
おいで おいで おいで おいで
コアラ （コアラ）
パンダ うさぎ コアラ

ゲームをしてみましょう。パンダ・うさぎ・コアラの3チームに分けます。
保育者が歌いながら1つのチームの名前を呼んだら、そのチームの子は
立ち上がります。バリエーションをつけて
楽しみましょう。

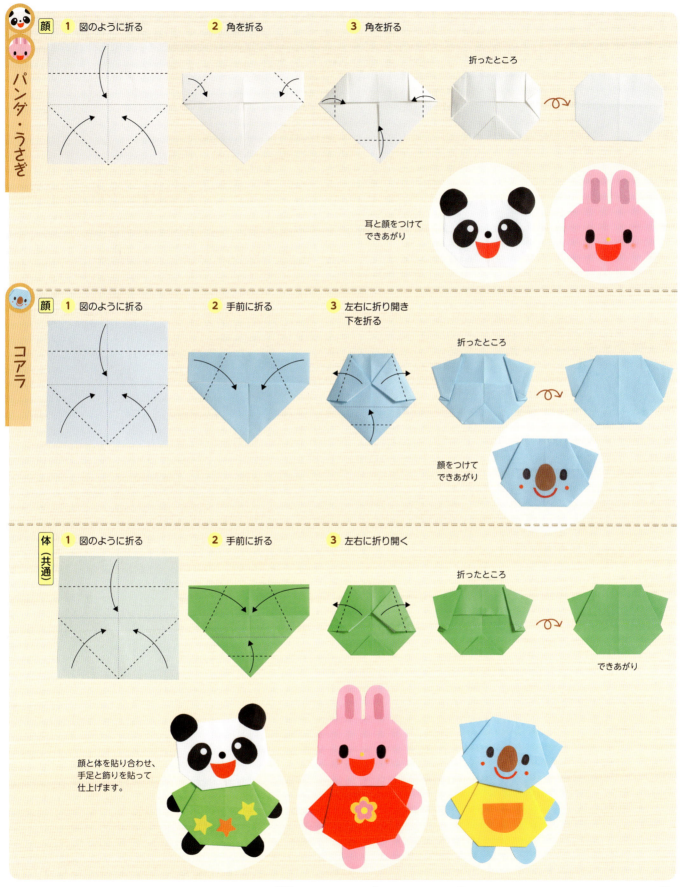

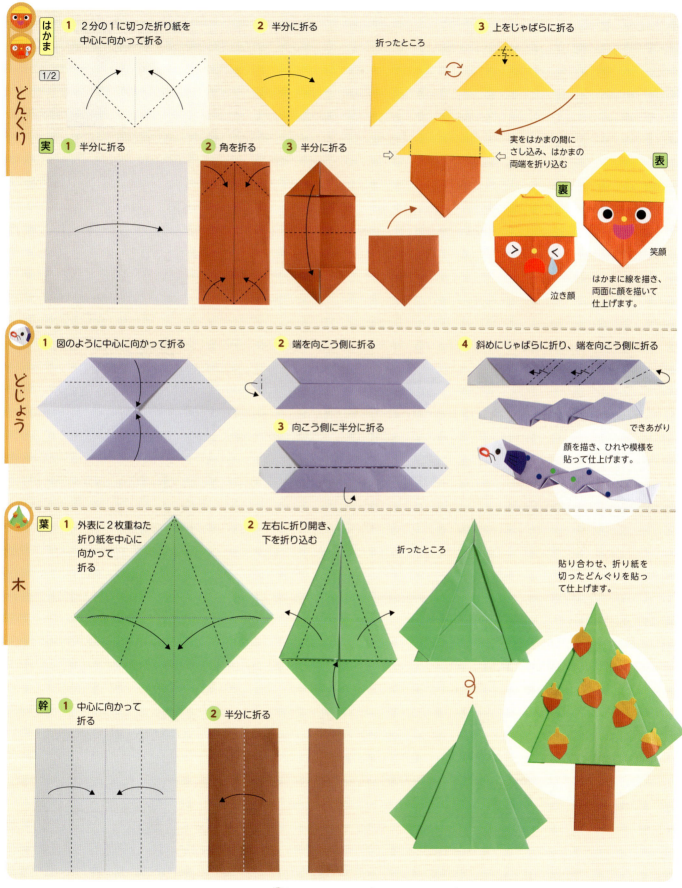

とんぼのめがね

とんぼがいっぱい飛んでいるね。
友達といっしょに
どこに遊びに行くのかな？

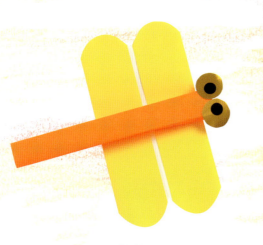

とんぼのめがね
作詞／額賀誠志　作曲／平井康三郎

とんぼのめがねは　みずいろめがね
あおいおそらをとんだから　とんだから

とんぼのめがねは　ぴかぴかめがね
おてんとさまをみてたから　みてたから

とんぼのめがねは　あかいろめがね
ゆうやけぐもをとんだから　とんだから

遊んでみよう！

とんぼの体に指を入れて、飛んでいるようにして遊んでみましょう。

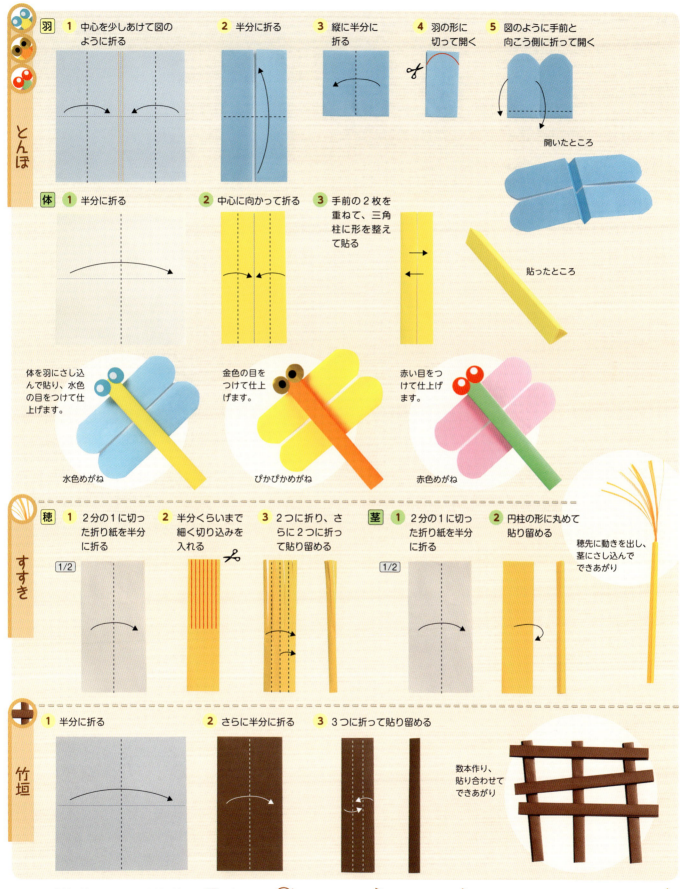

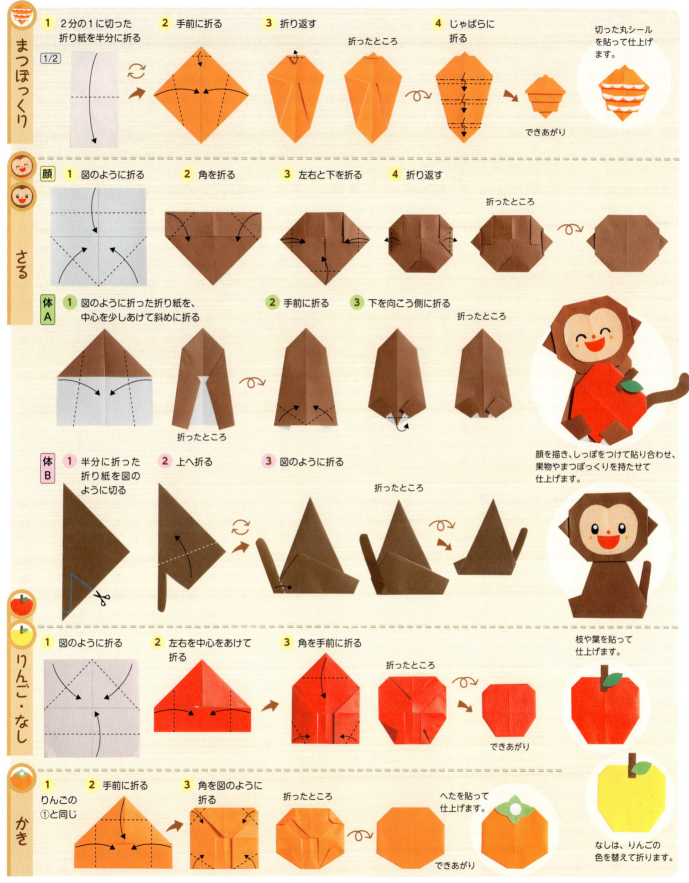

はたらくくるま

働く車がせいぞろい。かっこいいな、乗りたいな。
どんなお仕事をするのかな？

はたらくくるま
作詞／伊藤アキラ　作曲／越部信義

のりもの　あつまれ　いろんな　くるま
どんどん　でてこい　はたらく　くるま

はがきやおてがみ　あつめる　ゆうびんしゃ（ゆうびんしゃ）
まちじゅうきれいに　おそうじ　せいそうしゃ（せいそうしゃ）
けがにんびょうにん　いそいで　きゅうきゅうしゃ（きゅうきゅうしゃ）
ビルのかじには　はしごしょうぼうしゃ（はしごしょうぼうしゃ）
いろんな　くるまが　あるんだなあ
いろんな　おしごと　あるんだなあ
はしる！　はしる！　はたらくるま！

遊んでみよう！

車のお仕事を話し合ってみましょう。

この車はなにをするのかな？

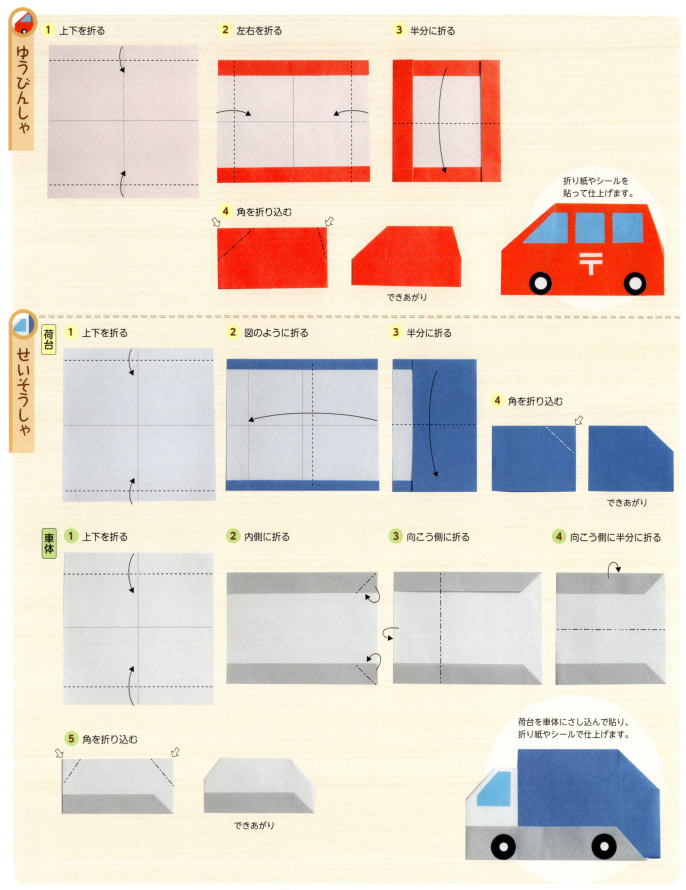

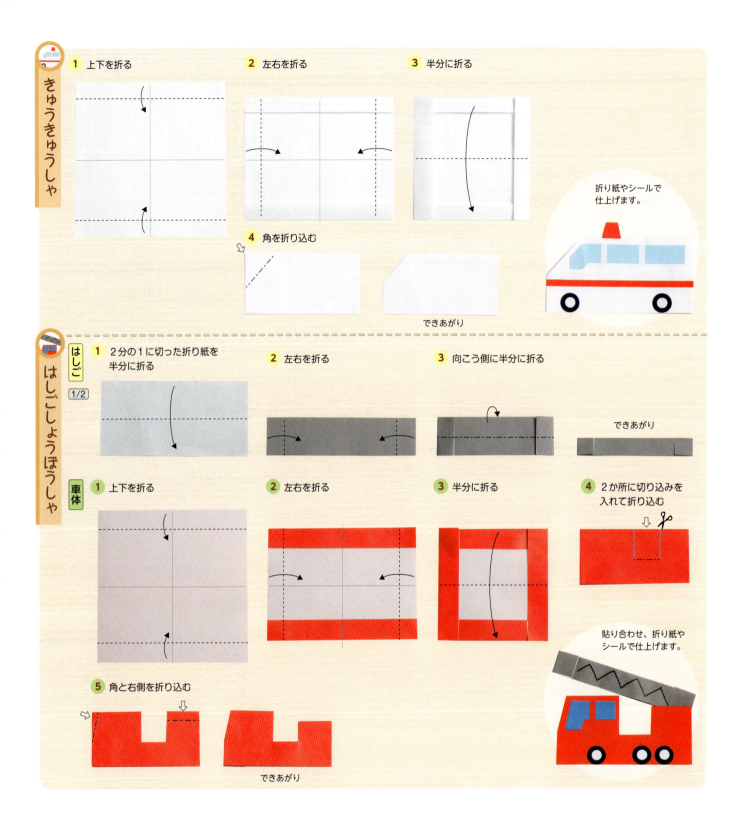

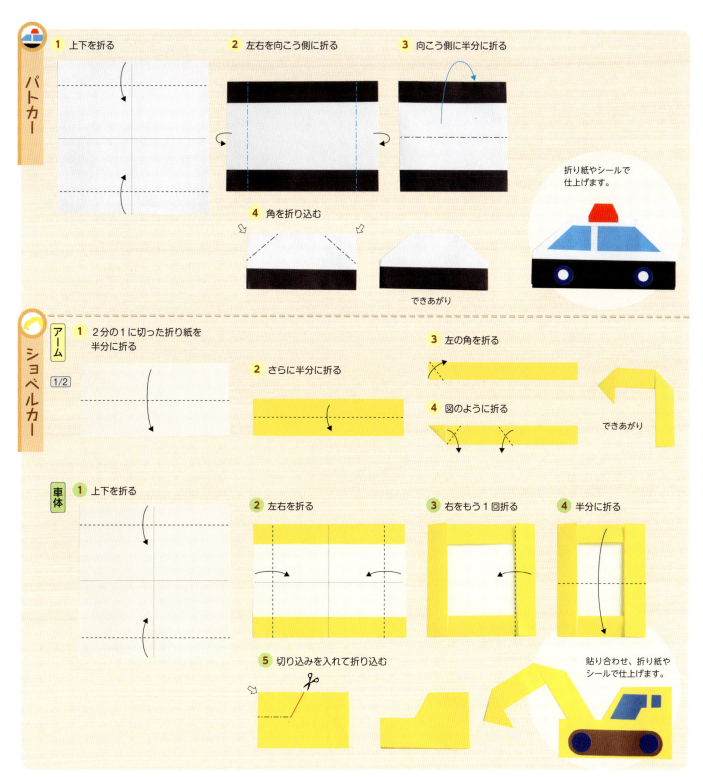

あき

パトカー
1 上下を折る
2 左右を向こう側に折る
3 向こう側に半分に折る
4 角を折り込む
できあがり

折り紙やシールで仕上げます。

ショベルカー

アーム 1/2
1 2分の1に切った折り紙を半分に折る
2 さらに半分に折る
3 左の角を折る
4 図のように折る
できあがり

車体
1 上下を折る
2 左右を折る
3 右をもう1回折る
4 半分に折る
5 切り込みを入れて折り込む

貼り合わせ、折り紙やシールで仕上げます。

---------- 谷折り線　---------- 山折り線　裏返す　向きを変える　図を拡大する　図を縮小する　中に折り込む

おはなしゆびさん

みんなが小さな指人形になって、
ワハハハ、ホホホホ、アブブブブ！

おはなしゆびさん
作詞／香山美子　作曲／湯山 昭

このゆびパパ　ふとっちょパパ
やあやあやあやあ　ワハハハハハハ
おはなしする

このゆびママ　やさしいママ
まあまあまあまあ　ホホホホホホ
おはなしする

このゆびにいさん　おおきいにいさん
オスオスオスオス　ヘヘヘヘヘヘ
おはなしする

このゆびねえさん　おしゃれなねえさん
アラアラアラアラ　ウフフフフフ
おはなしする

このゆびあかちゃん　よちよちあかちゃん
ウマウマウマウマ　アブブブブブブ
おはなしする

遊んでみよう！

ねずみ・ぶた・かえるなどで替え歌を作って、指にはめて遊びましょう。

♪チュウチュウチュウチュウ♪

いぬのおまわりさん

まいごのこねこちゃんが、泣いてるよ。
おうちがわからないんだって。
からすさんもすずめさんも困っているよ。

いぬのおまわりさん
作詞／佐藤義美　作曲／大中 恩

まいごのまいごの　こねこちゃん あなたのおうちは　どこですか おうちをきいても　わからない なまえをきいても　わからない ニャンニャンニャンニャーン ニャンニャンニャンニャーン ないてばかりいる　こねこちゃん いぬのおまわりさん こまってしまって ワンワンワンワーン ワンワンワンワーン	まいごのまいごの　こねこちゃん このこのおうちは　どこですか からすにきいても　わからない すずめにきいても　わからない ニャンニャンニャンニャーン ニャンニャンニャンニャーン ないてばかりいる　こねこちゃん いぬのおまわりさん こまってしまって ワンワンワンワーン ワンワンワンワーン

遊んでみよう！

いぬのおまわりさんを使って、迷子になったらどうするのか、話し合ってみましょう。

迷子にならないようにするには、どうするの？

みんなは、お名前言えるかな？

え〜っとね　いえる〜

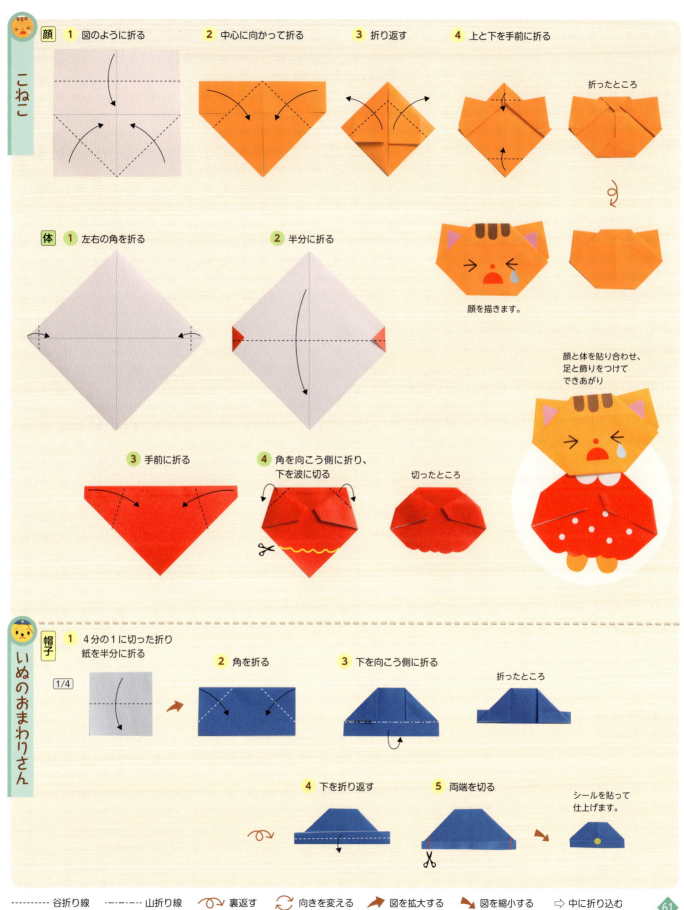

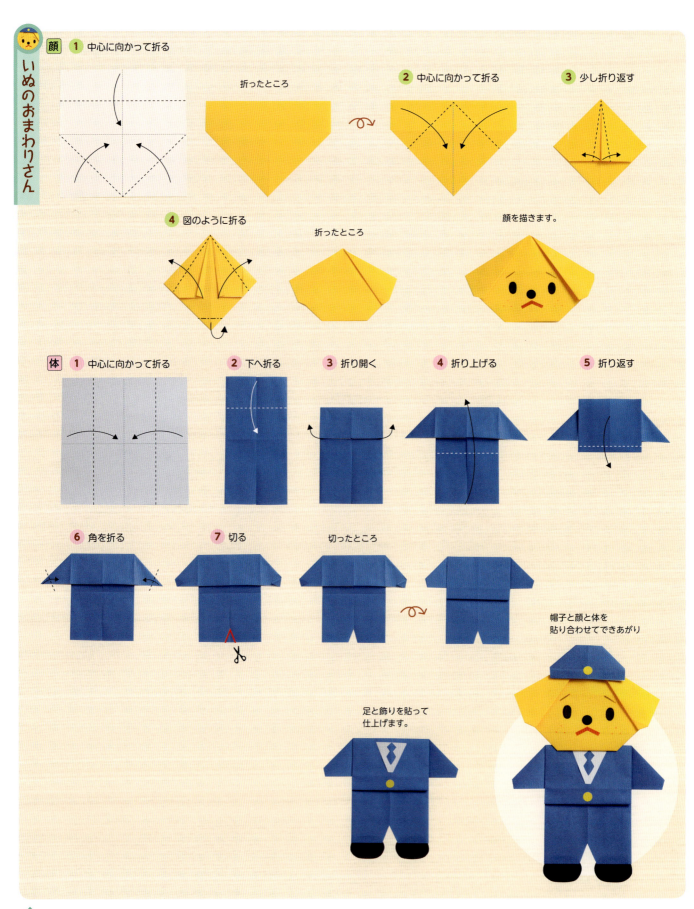

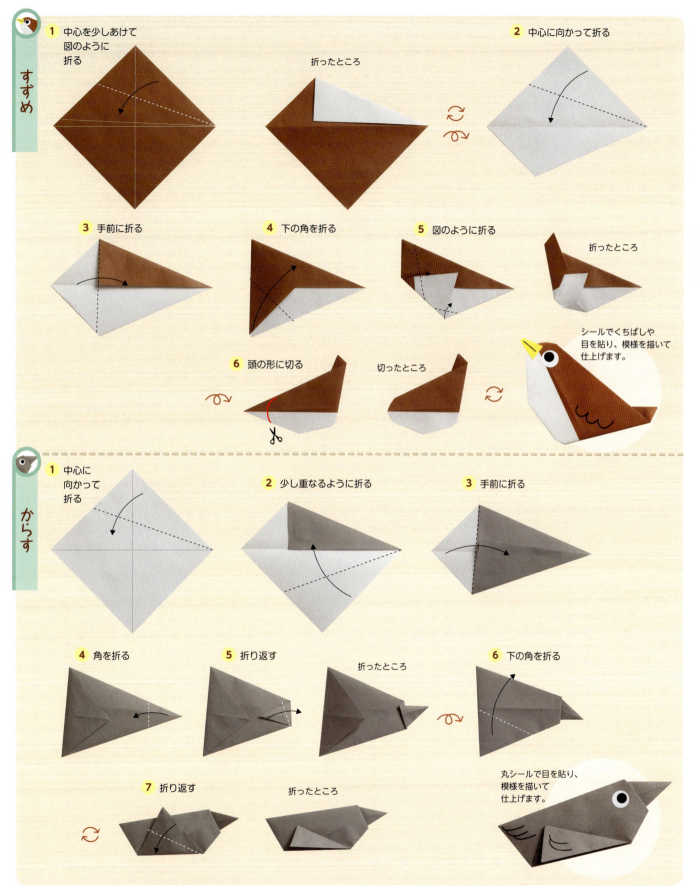

あわてんぼうのサンタクロース

リンリンリン、
サンタクロースがいそいでやってきたよ。
大きな袋のプレゼント、
何が入っているのかな？

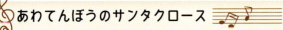

あわてんぼうのサンタクロース
作詞／吉岡 治　作曲／小林亜星

あわてんぼうの　サンタクロース
クリスマスまえに　やってきた
いそいで　リンリンリン
いそいで　リンリンリン
ならしておくれよ　かねを
リンリンリン　リンリンリン
リンリンリン

あわてんぼうの　サンタクロース
えんとつのぞいて　おっこちた
あいたた　ドンドンドン
あいたた　ドンドンドン
まっくろくろけのおかお
ドンドンドン　ドンドンドン
ドンドンドン

あわてんぼうの　サンタクロース
しかたがないから　おどったよ
たのしく　チャチャチャ
たのしく　チャチャチャ
みんなもおどろよ　ぼくと
チャチャチャ　チャチャチャ
チャチャチャ

サンタクロース

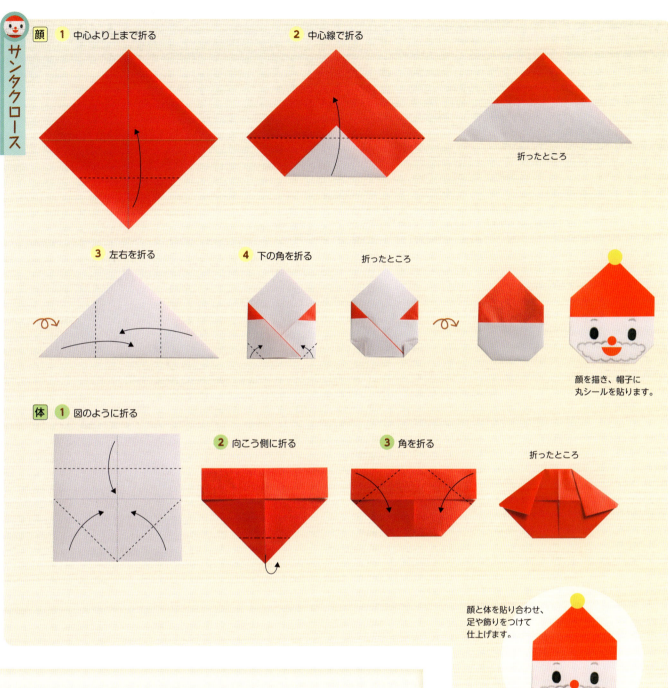

顔と体を貼り合わせ、足や飾りをつけて仕上げます。

あわてんぼうの　サンタクロース	あわてんぼうの　サンタクロース
もいちどくるよと　かえってく	ゆかいなおひげの　おじいさん
さよなら　シャラランラン	リンリンリン　チャチャチャ
さよなら　シャラランラン	ドンドンドン　シャラランラン
タンブリンならして　きえた	わすれちゃだめだよ　おもちゃ
シャラランラン　シャラランラン	シャラランリン　チャチャチャ
シャラランラン	ドンシャラララン

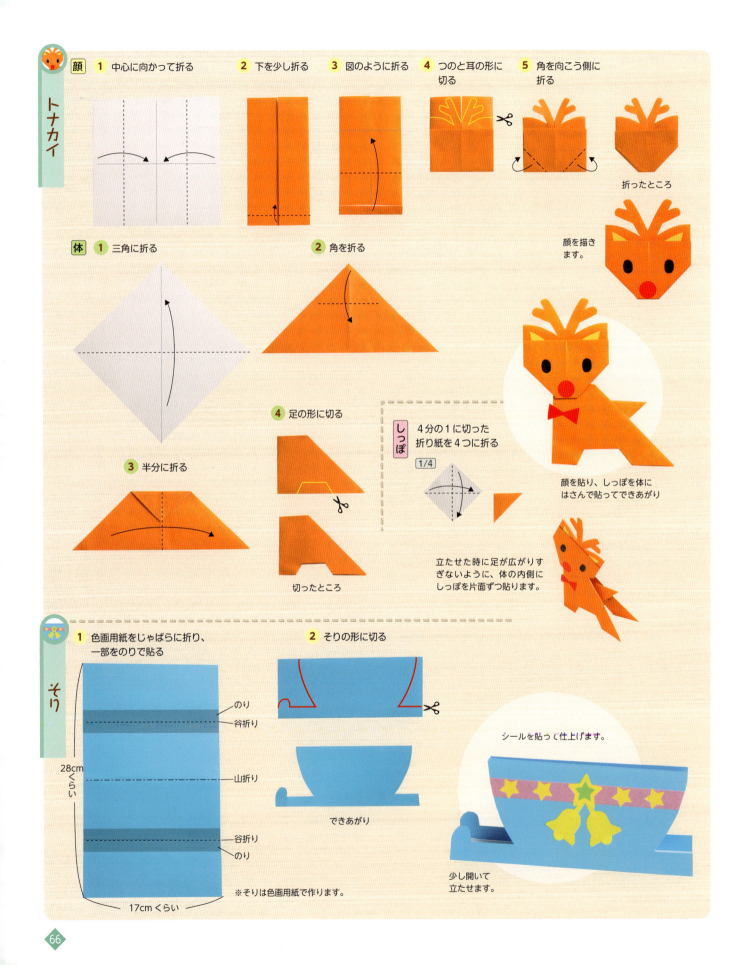

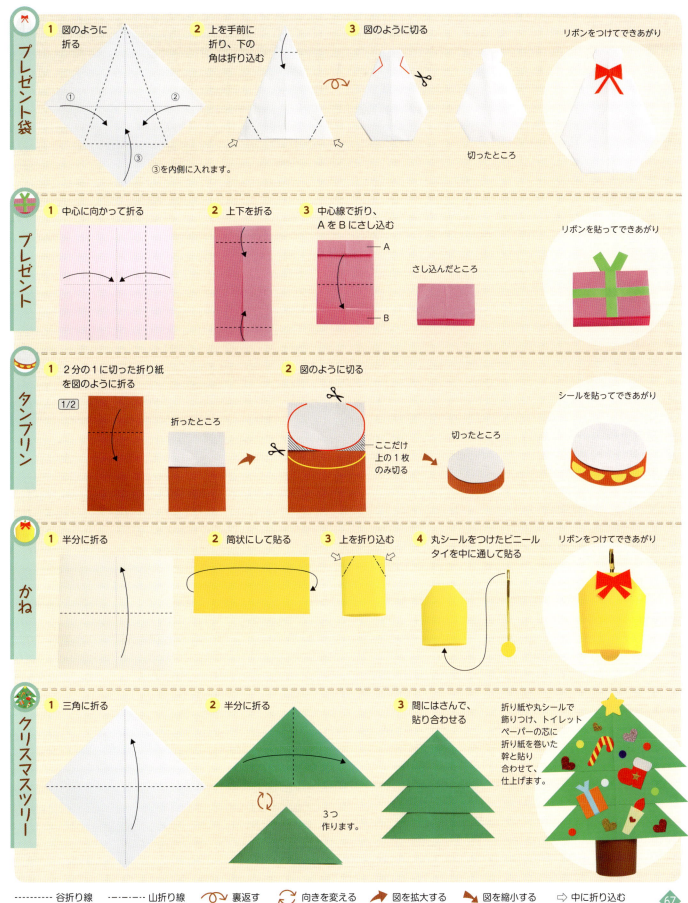

こぶたぬきつねこ

動物たちの名前を呼んでみると
しりとりになっているのがわかる、楽しい歌です。
他にもしりとり、言えるかな？

こぶたぬきつねこ
作詞・作曲／山本直純

こぶた（こぶた）
たぬき（たぬき）
きつね（きつね）
ねこ（ねこ）
ブブブー（ブブブー）
ポンポコポン（ポンポコポン）
コンコン（コンコン）
ニャーオ（ニャーオ）

遊んでみよう！

しりとりの楽しさがわかる演出を楽しんでみても
いいですね。

作品を牛乳パックに貼って、回転テーブルにのせて回しても楽しい！

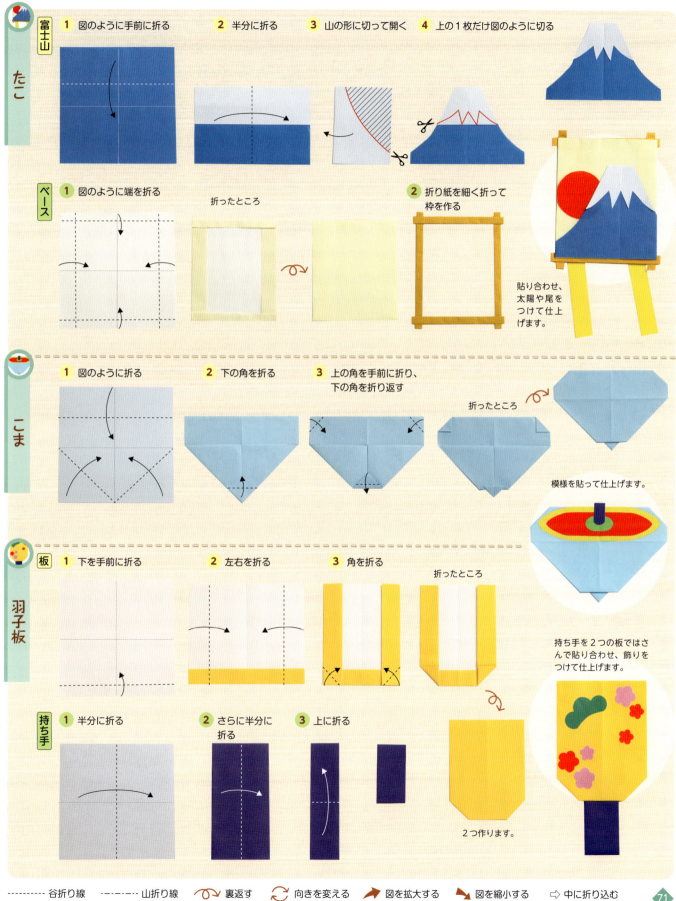

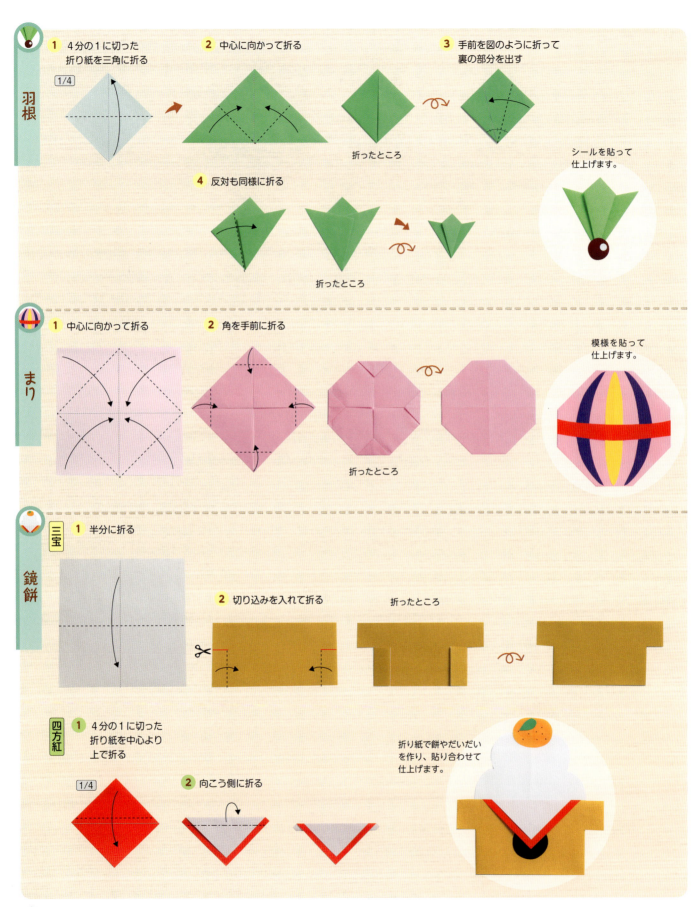

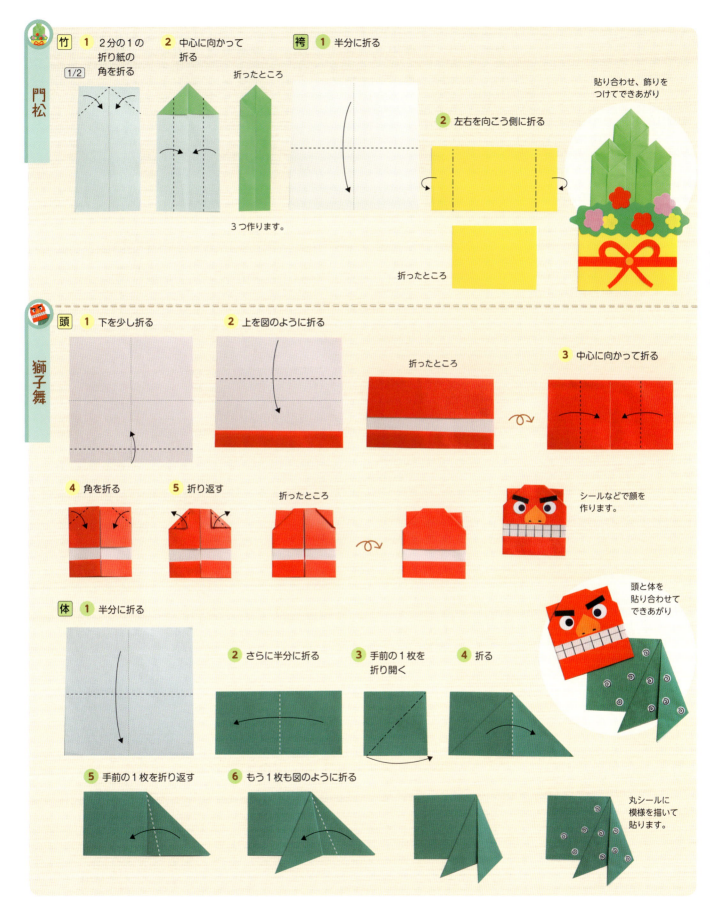

おにのパンツ

赤おにも青おにもトラのパンツが似合います。
みんなも、おにさんのパンツをはいて、
いっしょに歌って踊っちゃおう！

おにのパンツ
作詞／不詳　作曲／L. デンツァ

おにのパンツは　いいパンツ　つよいぞ　つよいぞ
トラのけがわで　できている　つよいぞ　つよいぞ
5ねんはいても　やぶれない　つよいぞ　つよいぞ
10ねんはいても　やぶれない　つよいぞ　つよいぞ
はこう　はこう　おにのパンツ
はこう　はこう　おにのパンツ
あなたも　あなたも　あなたも　あなたも
みんなではこう　おにのパンツ

遊んでみよう！

手遊びもつけて、元気にみんなで歌いましょう。

うれしいひなまつり

おだいりさまとおひなさま。にこにこ並んで、なかよしさん。
ぼんぼりに桃の花も飾って、楽しいお祝いが始まりますよ。

うれしいひなまつり
作詞／サトウハチロー　作曲／河村光陽

あかりをつけましょ　ぼんぼりに
おはなをあげましょ　もものはな
ごにんばやしの　ふえたいこ
きょうはたのしい　ひなまつり

おだいりさまと　おひなさま
ふたりならんで　すましがお

およめにいらした　ねえさまに
よくにたかんじょの　しろいかお

きんのびょうぶに　うつるひを
かすかにゆする　はるのかぜ

すこししろざけ　めされたか
あかいおかおの　うだいじん

遊んでみよう！

子どもたちと製作して、壁面飾りにしてみましょう。右大臣、左大臣も、三人官女と同じ作り方で作れます。

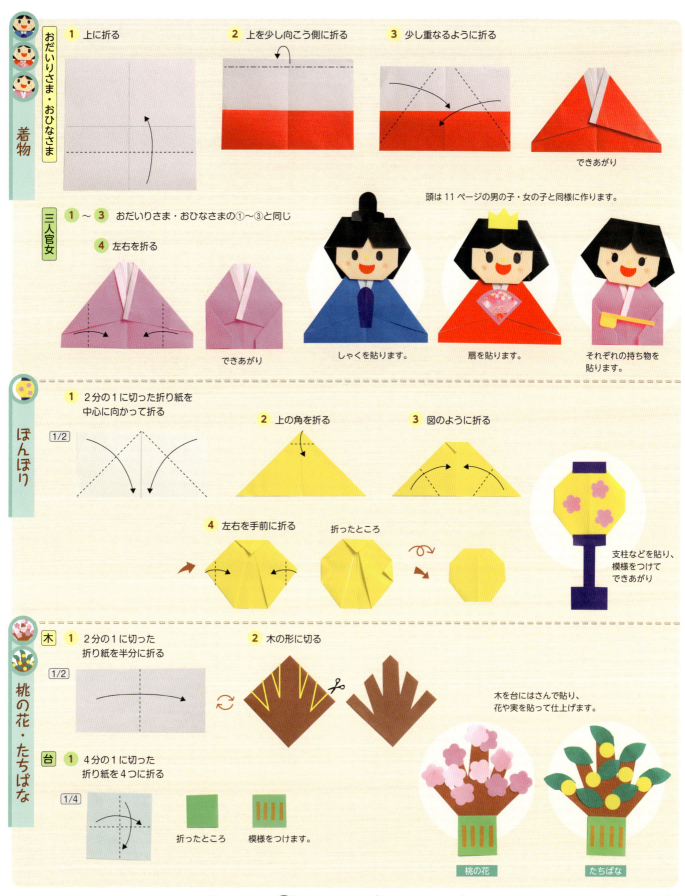

さくいん

カテゴリーごとに
おりがみアイテム（童謡タイトル）……… 掲載ページ
を記載しています。

生き物など

あ

- あひる〈大・小〉（あひるのぎょうれつ）……… 9
- いか（うみ）……………………………………… 40
- いぬのおまわりさん（いぬのおまわりさん）… 61・62
- いもむし（ちょうちょう）……………………… 7
- うさぎ（いないいないばあ）…………………… 13
- うさぎ（パンダうさぎコアラ）………………… 45
- うし（たなばたさま）…………………………… 31
- おたまじゃくし（あひるのぎょうれつ）……… 9

か

- かいじゅう（まあるいたまご）………………… 19
- かえる〈A・B〉（かえるのがっしょう）……… 27
- かたつむり〈A・B〉（かたつむり）…………… 25
- かば（はをみがきましょう）…………………… 23
- かめ（あひるのぎょうれつ）…………………… 9
- からす（いぬのおまわりさん）………………… 63
- きつね（いないいないばあ）…………………… 13
- きつね（こぶたぬきつねこ）…………………… 69
- きんぎょ〈A・B〉（きんぎょのひるね）……… 37
- くじら（うみ）…………………………………… 39
- くまのこ（あめふりくまのこ）………………… 29
- くらげ（うみ）…………………………………… 40
- コアラ（パンダうさぎコアラ）………………… 45
- こぐま（いないいないばあ）…………………… 13
- こぐま（やまのワルツ）………………………… 51
- こねこ（いぬのおまわりさん）………………… 61
- こぶた（こぶたぬきつねこ）…………………… 69
- こやぎ（やまのワルツ）………………………… 51
- こりす（いないいないばあ）…………………… 13
- こりす（やまのワルツ）………………………… 51

さ

- さかな〈A・B・C〉（うみ）…………………… 41
- さる（まつぼっくり）…………………………… 53
- すずめ（いぬのおまわりさん）………………… 63

た

- たこ（うみ）……………………………………… 40
- たぬき（こぶたぬきつねこ）…………………… 69
- ちょうちょう〈A・B〉（ちょうちょう）……… 7
- どじょう（どんぐりころころ）………………… 47
- トナカイ（あわてんぼうのサンタクロース）…… 66
- 鳥（こいのぼり）………………………………… 21
- 鳥〈大・小〉（ことりのうた）………………… 17
- とんぼ（とんぼのめがね）……………………… 49

な

- ねこ（かえるのがっしょう）…………………… 27
- ねこ（こぶたぬきつねこ）……………………… 69
- ねずみ（かえるのがっしょう）………………… 27

は

- はち（こいのぼり）……………………………… 21
- パンダ（いないいないばあ）…………………… 13
- パンダ（パンダうさぎコアラ）………………… 45
- ひよこ（まあるいたまご）……………………… 19
- へび（まあるいたまご）………………………… 19
- ペンギン（まあるいたまご）…………………… 19

植物

あ

- あじさい（かたつむり）………………………… 25

か

- 木〈A・B〉（ことりのうた）…………………… 17
- 木（どんぐりころころ）………………………… 47

さ

- 桜（ちょうちょう）……………………………… 7
- すすき（とんぼのめがね）……………………… 49

た

- たちばな（うれしいひなまつり）……………… 77
- チューリップ（おはながわらった）…………… 15
- どんぐり（どんぐりころころ）………………… 47

な

- 菜の花（ちょうちょう）………………………… 7

は

- 葉（あめふりくまのこ）………………………… 29
- 花〈A・B〉（おはながわらった）……………… 15

ま

- まつぼっくり（まつぼっくり）………………… 53
- 水草（きんぎょのひるね）……………………… 37
- 桃の花（うれしいひなまつり）………………… 77

食べ物

あ

- うめぼし（くいしんぼおばけ）………………… 43

か

- かき（まつぼっくり）…………………………… 53
- かぼちゃ（やさいのうた）……………………… 35
- キャベツ（やさいのうた）……………………… 33

きゅうり（やさいのうた）……………… 33

た

だいこん（やさいのうた）……………… 34
たまねぎ（くいしんぼおばけ）………… 43
チョコレート（くいしんぼおばけ）…… 43
トマト（やさいのうた）………………… 33

な

なし（まつぼっくり）…………………… 53
にんじん（やさいのうた）……………… 34

は

はくさい（やさいのうた）……………… 35
ピーマン（やさいのうた）……………… 33

ら

りんご（まつぼっくり）………………… 53

人・服など

あ

青おに（おにのパンツ）………………… 75
赤おに（おにのパンツ）………………… 75
男の子（あくしゅでこんにちは）……… 11
おばけ〈A・B・C〉（くいしんぼおばけ）……… 43
おりひめ（たなばたさま）……………… 31
女の子（あくしゅでこんにちは）……… 11

か

着物（うれしいひなまつり）…………… 77
子ども（おにのパンツ）………………… 75

さ

サンタクロース（あわてんぼうのサンタクロース）… 65

は

ひこぼし（たなばたさま）……………… 31

乗り物

か

きゅうきゅうしゃ（はたらくくるま）………… 56

さ

ショベルカー（はたらくくるま）……… 57
せいそうしゃ（はたらくくるま）……… 55

は

はしごしょうぼうしゃ（はたらくくるま）……… 56
パトカー（はたらくくるま）…………… 57
ふね（うみ）……………………………… 39

や

ゆうびんしゃ（はたらくくるま）……… 55
ヨット（うみ）…………………………… 39

その他

あ

家（こいのぼり）………………………… 21

か

鏡餅（おしょうがつ）…………………… 72
門松（おしょうがつ）…………………… 73
かね（あわてんぼうのサンタクロース）………… 67
クリスマスツリー（あわてんぼうのサンタクロース）… 67
こいのぼり〈大・小〉（こいのぼり）………… 21
コップ（はをみがきましょう）………… 23
こま（おしょうがつ）…………………… 71

さ

獅子舞（おしょうがつ）………………… 73
そり（あわてんぼうのサンタクロース）………… 66

た

竹垣（とんぼのめがね）………………… 49
たこ（おしょうがつ）…………………… 71
タンブリン（あわてんぼうのサンタクロース）… 67
つなぎ飾り（たなばたさま）…………… 31

は

羽子板（おしょうがつ）………………… 71
はたおり（たなばたさま）……………… 31
羽根（おしょうがつ）…………………… 72
歯ブラシ（はをみがきましょう）……… 23
プレゼント（あわてんぼうのサンタクロース）… 67
プレゼント袋（あわてんぼうのサンタクロース）… 67
ぼんぼり（うれしいひなまつり）……… 77

ま

まり（おしょうがつ）…………………… 72

や

指人形　赤ちゃん（おはなしゆびさん）……… 59
指人形　いぬ（おはなしゆびさん）…… 59
指人形　かえる（おはなしゆびさん）… 59
指人形　兄さん（おはなしゆびさん）… 59
指人形　姉さん（おはなしゆびさん）… 59
指人形　ねこ（おはなしゆびさん）…… 59
指人形　ねずみ（おはなしゆびさん）… 59
指人形　パパ（おはなしゆびさん）…… 59
指人形　ぶた（おはなしゆびさん）…… 59
指人形　ママ（おはなしゆびさん）…… 59

◆ 著者紹介

いまい みさ

手作りおもちゃ作家（手作りおもちゃ普及会代表）。
幼稚園・保育園・小学校のワークショップなどで、おりがみやリサイクル素材を利用
したおもちゃ作りを指導している。保育誌、児童書、教科書などでも作品を紹介。
著書に『おりがみでおはなやさん』『おりがみでおみせやさん』（以上、毎日新聞社）、『女
の子のかわいい折り紙』『男の子のかっこいい折り紙』（以上、PHP研究所）、『おりが
み12かげつ』『おりがみ ごっこあそび』（以上、小学館）、『5回で折れる！ おりがみ
壁面12か月』『おりがみで作る かわいい室内飾り12か月』（以上、チャイルド本社）
など多数。

■ デ ザ イ ン　小林峰子
■ イ ラ ス ト　北村友紀
■ 折り図作成　茂原敬子
■ 撮　　　影　安田仁志
■ おりがみ制作協力　手作りおもちゃ普及会（霜田由美、河上さゆり、Natsuki、Moko）、茂原石寿美
■ 遊　び　案　童謡おりがみ企画構成グループ
■ 本 文 校 正　有限会社くすのき舎
■ 編 集 協 力　大久保徳久子
■ 編　　　集　西岡育子

■ 協　　　賛　株式会社トーヨー
　　　　　　　http://www.kidstoyo.co.jp

季節を楽しむ
かわいい童謡おりがみ

2017年2月　初版第1刷発行

著 者　いまいみさ
発行人　浅香俊二
発行所　株式会社チャイルド本社
　　　　〒112-8512　東京都文京区小石川5-24-21
電　話　03-3813-2141（営業）03-3813-9445（編集）
振　替　00100-4-38410
印刷・製本　図書印刷株式会社

©Misa Imai 2017　Printed in Japan
ISBN978-4-8054-0256-6
NDC376　26×21cm　80P
＜日本音楽著作権協会（出）　許諾第1614184-601号＞

乱丁・落丁本はお取り替えいたします。
本書の内容の一部あるいは全部を無断で複写複製することは、法律で認められた場合を除き、著作
権者及び出版社の権利の侵害となりますので、その場合は予め小社宛て許諾を求めてください。

チャイルド本社ホームページアドレス　http://www.childbook.co.jp/
チャイルドブックや保育図書の情報が盛りだくさん。どうぞご利用ください。